O MANUAL DO
AMOR PRÓPRIO
APRENDA A SE AMAR

SAIBA COMO
MELHORAR SUA
AUTOESTIMA,
FORTALECER
SUA MENTE,
CORPO E ALMA

Aviso Legal

Este e-book foi escrito exclusivamente para fins informativos. Todos os esforços foram realizados para tornar este e-book o mais completo e preciso possível. No entanto, pode haver erros de tipografia ou conteúdo. Além disso, este e-book fornece informações apenas até a data de publicação. Portanto, este e-book deve ser usado como um guia - não como a fonte final.

O objetivo deste e-book é educar. O autor e o editor não garantem que as informações contidas neste e-book estejam totalmente completas e não serão responsáveis por quaisquer erros ou omissões. O autor e o editor não terão responsabilidade nem obrigação perante qualquer pessoa ou entidade com relação a qualquer prejuízo ou dano causado ou supostamente causado direta ou indiretamente por este e-book.

Sobre o Autor

AVANTE EDITORIAL é uma empresa residente no BRASIL, que adora compartilhar conhecimento e ajudar outras pessoas no tópico referente a DESENVOLVIMENTO PESSOAL.

AVANTE EDITORIAL é uma empresa dedicada, que sempre se esforça ao máximo para ir além.

Palavras De Sabedoria de AVANTE EDITORIAL:

"Eu acredito que não há segredos para se tornar bem-sucedido na vida. E eu realmente acredito que o resultado do verdadeiro sucesso na vida é proveniente do trabalho duro, da preparação e, o mais importante de tudo, do aprendizado através das falhas."

Índice

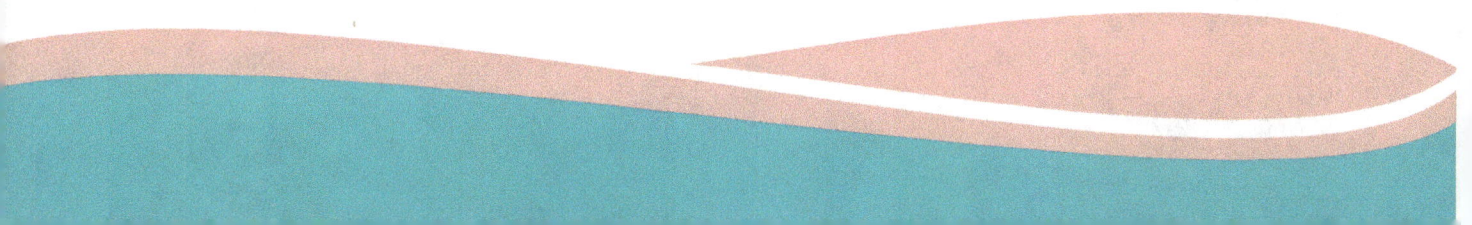

INTRODUÇÃO

INTRODUÇÃO

O QUE É AMOR PRÓPRIO?

Amor próprio talvez seja um dos conceitos mais básicos, porém mais incompreendidos no mundo atualmente. Alguns o veem como uma ideologia da nova era que não pode ser aplicada de forma concreta. Mas isso está muito longe de ser verdade.

Este ebook apresentará medidas práticas para que você desenvolva o amor próprio. Ele também irá explicar seu conceito, apresentará um resumo sobre esse atributo e como ele tem sido uma base essencial para todos os ensinamentos espirituais.

Amor próprio é a melhor forma de aumentar sua autoestima e de se tornar um ser humano melhor e integrado. No entanto, as pessoas costumam pensar nesse conceito de maneira invertida.

Elas tendem a olhar para os aspectos externos, como por exemplo, o modo de andar de uma pessoa confiante ou simplesmente observam suas características. No entanto, basicamente, toda mudança radical começa de dentro. Só depois disso você passa a se valorizar como um poderoso criador da sua própria realidade e merecedor do amor e respeito de todos. Amor próprio é o contrário de egoísmo. Você não é capaz de amar outra pessoa incondicionalmente a menos que você se ame primeiro.

Ter amor próprio não significa se envolver em padrões destrutivos de comportamento e fazer vista grossa. Não tem nada a ver com arrogância ou narcisismo; trata-se de se tornar um indivíduo pleno e integrado.

Quando você for capaz de exercitar o amor próprio, sua vida se tornará muito mais fácil. Isso ocorre porque você não se sabotará como as pessoas que não acreditam em si mesmas. Você também terá muito mais estabilidade em sua vida, pois não dependerá mais dos outros para se sentir realizado. Suas emoções e reações não serão voláteis e você se tornará realmente desapegado, mas não indiferente a muitas coisas que acontecem no mundo.

Amor é o principal alicerce do universo. Os seres humanos nascem nos braços de pais amorosos e morrem rodeados de seus entes queridos (idealmente). Eles vivem e morrem no amor. Nas palavras de Gautama Buda:

"No fim, apenas três coisas importam: o quanto você amou, o quão gentilmente você viveu e quão graciosamente você abandonou aquilo que nada significava para você."

Sua capacidade de amar a si mesmo e aos outros é tudo o que realmente importa. Como chegar lá já é outra história. Para isso, você precisa descobrir quem você é e amar a si mesmo incondicionalmente.

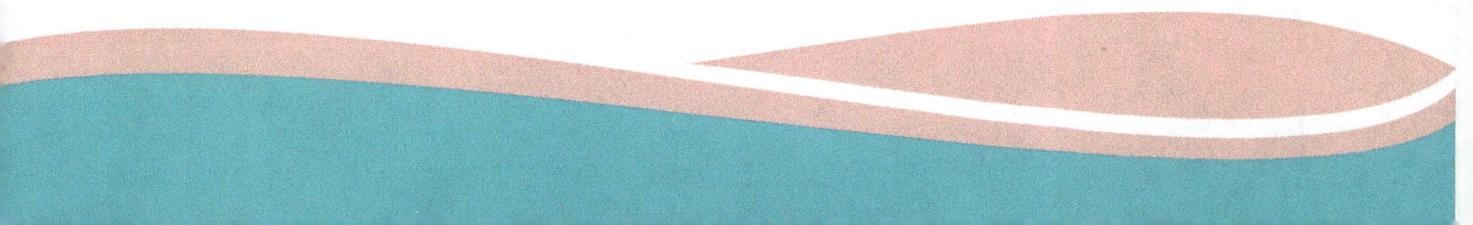

Encontrando o Eu

Capítulo 1: Encontrando o Eu

Encontrar o eu é um conceito místico que existe desde os tempos antigos. O 'eu' possui várias denominações, como alma, superalma, atman, mônada, a presença "EU SOU", Christos, o iluminado e assim por diante. Rótulos à parte, ele pode ser descrito como quem você realmente é, deixando de lado qualquer comportamento ou atitude social que você tenha adquirido desde que nasceu. Ele pode ser 'encontrado' quando você se desfaz de suas ilusões e remove suas camadas de programação, que também podem ser chamadas de ego.

Todo o processo de infância e socialização é essencialmente uma forma de fazer com que esqueçamos quem realmente somos. Nossos colegas e nossos pais nos repreendem quando fazemos algo que não condiz com o ponto de vista deles. Dessa forma, aprendemos a nos comportar de tal maneira que possamos ser aceitos. Fazer parte de um grupo, família ou tribo é a norma social mais importante. Isso remonta a uma época em que a não-conformidade nos faria ser expulsos da tribo – o que provavelmente nos levaria a morrer de fome ou congelar até a morte.

Agradar os outros é algo profundamente enraizado dentro de nós e é também muito prejudicial em termos de evolução espiritual.

Então, quando nascemos, experimentamos traumas ao esquecer quem realmente somos. E, mais tarde, temos que passar pelo processo de esquecer tudo o que aprendemos na escola e na sociedade de modo geral para encontrar nosso verdadeiro eu. Infelizmente, reconectar-se não é nada fácil na era moderna. A tecnologia garante que as informações estejam em todos lugares, então nós procuramos em todos esses lugares, exceto dentro de nós mesmos - onde o 'eu 'habita.

Como Encontrar o "Eu"

Existe um determinado caminho para encontrar o eu "rapidamente", embora, na verdade, não possamos descrever o processo como algo rápido. Muitas pessoas consideram as modalidades orientais desatualizadas, incomuns e impraticáveis. Mas o fato é que, em termos de encontrar o eu, a filosofia Védica ocupa uma posição distinta de respeito. Para encontrar o Eu, você precisará do seguinte:

1. Um local silencioso e sereno
2. A capacidade de realizar a meditação do chakra cardíaco
3. A capacidade de restringir severamente a dieta
4. A capacidade de deixar para trás todos os aparatos tecnológicos e distrações.

Sob muitos aspectos, isso é algo bem simples e direto. Vá para um local silencioso e medite no amor ao 'eu'. Restrinja sua dieta para que você não esteja consumindo qualquer tipo de carne, alimentos processados, cafeína ou álcool.
Evite tecnologia e elimine toda e qualquer distração mental, física e emocional.

Embora isso possa ser difícil, os resultados serão incomensuráveis. Esse é o método de tratamento ideal. 3 a 7 dias são suficientes para que mudanças significativas ocorram usando o protocolo acima. Você pode repeti-lo quantas vezes for necessário e, mesmo que você não seja bem-sucedido na primeira ou na décima tentativa, isso será suficiente para revitalizá-lo completamente diante dos estresses da vida moderna.

Ironicamente, a maneira mais rápida de encontrar o eu é não fazendo absolutamente nada. Seu corpo, mente e alma irão se beneficiar se você parar de comer, pensar e ler coisas ruins com frequência.

Você estará em perfeito estado de saúde se parar de fazer coisas que o deixem deprimido. A grande ironia de tudo isso é que as pessoas acham que precisam "fazer alguma coisa" para solucionar problemas ilusórios. Isso as leva a dietas da moda, lipoaspiração, mudanças de gênero, relacionamentos infelizes e hipotecas exorbitantes.

A filosofia Védica não se resume, de maneira alguma, a retiros de silêncio e jejum. Mas ela realmente vai ao centro da questão, pois enfatiza essas atividades e se concentra na busca incessante pelo eu. Existem centenas de outros métodos esotéricos, como cristais, visualização, rotação, manifestação, sonho lúcido, trabalho com chacras e muito mais. Embora possam trazer muitos benefícios e até alguns efeitos paranormais, esses métodos não estão centrados em encontrar o eu. Para encontrá-lo, é preciso deixar para trás tudo o que você aprendeu para que você possa entrar em novas dimensões.

O auge da autoestima encontra-se, em última análise, na autorrealização, um estado de 'ser' mencionado em praticamente todos os principais conteúdos de literatura espiritual. Esse estado vai além da típica experiência humana, incorporando felicidade e entendimento.

No entanto, pessoas auto realizadas ainda são de carne e osso, compartilham suas experiências, escrevem livros e podem ser encontradas por aqueles que tiverem o empenho de procurá-las.

Outras Maneiras de Encontrar o Eu

Existem outras maneiras de tentar descobrir quem você realmente é. Podemos comparar isso ao ato de descascar uma cebola, onde, no final, tudo o que resta é o verdadeiro eu. Um bom ponto de partida seria revisar tudo o que aconteceu com você nesta vida e os principais eventos pelos quais você passou. No entanto, não se trata de se afundar nisso ou se orgulhar dessas realizações. Apenas trace um mapa linear dos principais eventos que aconteceram, que impacto eles tiveram em você e tente obter uma visão geral. Isso o ajudará a construir um certo grau de objetividade.

Quando se trata de encontrar a si mesmo, você não deve ser dependente de nada. Portanto, analise todos os aspectos dos quais você é emocionalmente, mentalmente, fisicamente ou financeiramente dependente, sejam eles pessoas ou coisas.

Torne-se o mais autossuficiente possível.

Isso pode implicar na eliminação do cigarro e de alimentos ruins de sua vida ou até mesmo na busca por um novo emprego em que você trabalhe por conta própria. Isso mudará tudo.

Encontrar o eu é um processo individual. Ninguém nunca obteve autorrealização em grupo. Não é assim que o universo funciona. O pensamento em grupo é a antítese do empoderamento individual. Porque, mesmo em grupos, as soluções partem apenas de indivíduos que tenham faíscas de inspiração. Não há como compartilhar criatividade ou engenhosidade, pois isso vem de dentro. Isso significa que, em sua busca pelo eu, as práticas que você usa e a filosofia que você adota devem ser exclusivamente suas. Se você simplesmente copiar o que os outros estão fazendo, estará automaticamente impotente e nunca encontrará seu eu. Se você não tomar decisões por sua própria vontade, você não estará se empoderando.

CAPÍTULO

2

Amor Próprio
e o Conceito
de Sombra

Capítulo 2: Amor Próprio e o Conceito de Sombra

O amor próprio é uma prática permanente que deve ser realizada por completo a fim de produzir todos os seus respectivos efeitos. Atualmente, a lei da atração é muito popular e apresenta uma infinidade de benefícios. Trata-se da natureza fundamental do universo; que a única coisa em nosso poder é a nossa atenção. E quando voltamos nossa atenção para algo, aquilo é atraído para nós.

Alguns autores acreditam que atenção é amor e que tudo o que amamos ou colocamos nossa atenção simplesmente cresce. Portanto, devemos ser criteriosos com relação à onde colocamos nossa atenção. Vale a pena notar que os dois maiores campos da psicologia espiritual - psicologia positiva e trabalho com sombra - determinam que as pessoas devem se concentrar apenas em melhorar a si mesmas e, como resultado, tornarão o mundo melhor.

O trabalho com sombra é uma peça fundamental do quebra-cabeça em termos de autorrealização e empoderamento. Esse método tirou a lei da atração do centro das atenções.

Segundo Carl Jung, a iluminação só pode acontecer através do trabalho com sombra:

"Não se torna iluminado imaginando figuras de luz, mas conscientizando as trevas."

A Importância da Sombra

O trabalho com sombra ganhou a atenção das massas através do trabalho do eminente psicólogo e terapeuta comportamental Carl Jung. Ele examinou o lado sombrio do ser humano principalmente através dos estados de sonho e também de símbolos. Ele também descobriu algo denominado inconsciente coletivo, que é compartilhado por todos os seres humanos. No entanto, isso não é relevante para o objetivo pessoal de encontrar o eu. Você não precisa examinar a teoria para realizar as tarefas. A teoria sempre fica em segundo lugar com relação à experiência prática.

De acordo com Jung, todo mundo tem um eu-sombra que precisa ser integrado. Quanto menos a pessoa integra essa sombra e a expressa abertamente, mais escura e densa ela será. Além disso, a sombra costuma projetar suas próprias falhas em outras pessoas.

Esse fenômeno é frequentemente demonstrado nos ensinamentos da lei da atração, onde reparamos aspectos nos outros que odiamos em nós mesmos. Em outras palavras, nossas fraquezas e irritações podem ser as melhores ferramentas de introspecção.

De acordo com alguns autores, o eu-sombra é, na verdade, a base da criatividade e possui muitos aspectos positivos. O fato é que alguns atributos são vistos de forma favorável pela nossa sociedade atual. Por outro lado, o indivíduo pode ter tido certas experiências que o forçaram a reprimir certas emoções e comportamentos. Independentemente disso, todo mundo tem um lado sombrio que precisa ser tratado. Para alguns, isso é mais óbvio do que para outros.

Você pode usar outras pessoas como um espelho para entender sua própria sombra. Será algo indiferente para você, mas nítido para aqueles que o conhecem. Para Carl Jung, o eu-sombra era um monstro, tanto individualmente como coletivamente:

"É assustador pensar que o homem também tenha um lado sombrio, que consiste não apenas de pequenas fraquezas e defeitos, mas também de um dinamismo certamente

demoníaco.

O indivíduo raramente tem conhecimento disso; para ele, como indivíduo, é inacreditável que ele possa ir além de si mesmo. Mas permitir que essas criaturas inofensivas criem forma dá origem a um monstro furioso."

O Lado Sombrio do Amor Próprio

A questão é que os seres humanos aprendem muito mais pela dor do que pelos seus triunfos. Temos muito mais a aprender com nossos defeitos do que com nossos pontos fortes. O espelhamento é uma excelente técnica que beneficia a todos e que pode ajudar muito em termos de amor próprio. Podemos usar qualquer pessoa como um espelho para o nosso desenvolvimento pessoal.

Quando detestamos alguém, essa é uma falha em nossa própria percepção.

O que você vê nos outros é um reflexo do que você tem dentro de si mesmo, mas você não quer lidar com isso. Como resultado, quando uma pessoa o incomoda, é mais fácil projetar nela suas próprias falhas e criticá-la. Segundo o autor alemão Hermann Hesse:

"Se você odeia uma pessoa, você odeia algo nela que faz parte de você. O que não faz parte de nós não nos perturba."

Novamente, isso se reflete na lei da atração. Quando julgamos ou condenamos os outros, estamos criticando coisas que somos incapazes de lidar com relação a nós mesmos. A bíblia Cristã também reflete estes ensinamentos:

"Portanto, você, que julga os outros, é indesculpável, pois está condenando a si mesmo naquilo em que julga, visto que você, que julga, pratica as mesmas coisas" (Romanos 2:1)

"Não julgue, ou você também será julgado" (Mateus 7: 1)

CAPÍTULO 3

Desenvolvendo o Amor Próprio

Capítulo 3: Desenvolvendo o Amor Próprio

Se você deseja desenvolver amor próprio, a primeira coisa que você precisa fazer é a purificação. A realidade é que a maioria das pessoas adota convicções selvagens e irracionais, valores e atitudes irreais e isso causa muitos danos. Há também muitas toxinas físicas no corpo, provenientes de ambientes impuros.

Purificação

Você precisa se purificar em todos os níveis para se amar completamente. A purificação pode parecer um passo drástico, mas certamente é válida para que você possa ver a si mesmo com mais clareza. A purificação geralmente envolve os seguintes pontos:

1. Jejum ou restrição alimentar.
2. Restrição de informação.
3. Estar na natureza.
4. Meditação.
5. Oração.
6. Yoga e/ou exercícios.

7. Leitura de conteúdos inspiradores.

8. Silêncio.

Você combinar os itens acima pelo tempo que desejar. Ao fazer isso por no mínimo 3 dias, em 3 semanas você obterá benefícios incríveis.

Mas vale a pena fazer quantas vezes você quiser. Essas técnicas são antigas e, apesar de todas as estratégias de positividade da nova era, essas ainda são as que funcionam melhor.

Nada terá o mesmo impacto que fazer combinar os itens acima. Eles também funcionam individualmente, mas seus efeitos são ampliados quando combinados. Só quando você se afasta da sociedade (ou seja, da vida "real") e realiza essas práticas, você é capaz de ver claramente como a sociedade é disfuncional e quão disfuncionais são suas próprias crenças e pensamentos sobre si mesmo e sobre a sociedade.

Exercícios Diários

Nem todo mundo tem tempo para exercícios intensos de purificação. E eles, na verdade, só podem ser feitos uma vez a cada 3 meses.

Por isso, as pessoas precisam de métodos menos intensos para que possam desenvolver o amor próprio de maneira constante e consistente ao longo do tempo.

O primeiro passo é liberar seu tempo e energia. Muita gente sofre muito com pessoas sugadoras de energia, com trabalho e com relacionamentos. O ideal, se possível, é simplesmente abandonar relacionamentos ou ambientes tóxicos.

Muitas pessoas têm medo de largar um emprego que odeiam e fingem que precisam se manter nele para pagar suas despesas. Mas nada justifica ter sua energia drenada e viver como um zumbi sem propósitos e objetivos.

O que acontece é que você está fingindo ser uma pessoa que você não é, e isso é o oposto da autenticidade. Existem muitos exercícios de amor próprio que você pode fazer, mas aqui estão os cinco mais eficazes:

1. A hora de acordar e de dormir são os melhores momentos para dominar seus pensamentos e emoções. Ao dormir e acordar, tenha os pensamentos mais positivos possíveis. Esses estados são os mais poderosos e dão o tom para o resto do seu dia ou noite.

2. Manter um diário de gratidão é ideal para apreciar quem você é e tudo aquilo que conquistou. O fato é que a apreciação humana é arbitrária e irracional. Podemos nos empenhar para alcançar um objetivo por 5 anos e valorizar esse feito apenas por uma semana. Precisamos reformular nossa concepção de gratidão e apreço para que possamos nos alegrar por qualquer motivo, não apenas pelos grandes objetivos.

3. Coloque a si mesmo em primeiro lugar com férias, massagens, esportes radicais, shows ou o que for que você queira fazer. Você merece prazer supremo, e é para isso que você está aqui. Infelizmente, a maioria das pessoas pensam que a vida deve ser uma tarefa dolorosa e acabam criando estresse para si mesmas. Não faça isso com você.

4. Pare de intereferir na vida dos outros a qualquer custo. Há uma tendência atualmente em que as pessoas estão tentando tornar o mundo um lugar melhor, mas adoram apontar as falhas do mundo. Isso está acontecendo apesar de os tempos nunca terem sido melhores, de modo geral. Se você não for capaz de se concentrar no

seu desenvolvimento pessoal, você nunca irá evoluir. E, da mesma forma, você também terá pessoas interferindo em sua vida.

5. Meditar no amor ou focar no chakra do coração é uma das principais recomendações encontradas nas escrituras espirituais antigas. O chakra do coração é uma porta para o eu superior/superalma se você colocar sua energia nisso a longo prazo.

Sinta-se Bem o Tempo Todo

Uma das partes mais importantes, porém subestimadas, de ser capaz de encontrar o eu é não ter vergonha de se sentir bem. Isso significa que você deve realizar atividades que você goste, o máximo possível. Há uma tendência de acreditar que você precisa sofrer muito para "alcançar" a felicidade. Na verdade, é preciso entender que a infelicidade deve ser "desvinculada" de condicionamentos passados.

Não há nada errado em se sentir bem, e não há quem não seja digno de amor próprio, respeito e apreciação. Na verdade, não há motivos que condicionem você a se esforçar por 4 anos na universidade para só depois poder começar a subir os degraus corporativos.

Na verdade, isso é uma besteira, já que você pode obter um certificado à distância e montar um negócio online por um custo muito menor e em menos tempo. No entanto, as pessoas ainda recorrem a universidades e pagam dezenas de milhares de dólares para ter que esperar 4 anos até conseguirem obter renda, caso consigam um emprego.

De qualquer forma, você não precisa aceitar nenhuma limitação que a sociedade impõe a você. Se você deseja dominar o amor próprio, precisa amar a si mesmo e se tratar com respeito. Isso significa dizer não a relacionamentos tóxicos, estabelecer limites, ter pensamentos positivos, manter um diário, fazer exercícios, receber massagens, tomar reconfortantes banhos quentes, tirar férias regulares etc. Sua única responsabilidade é consigo mesmo, garantindo que você seja o mais feliz possível.

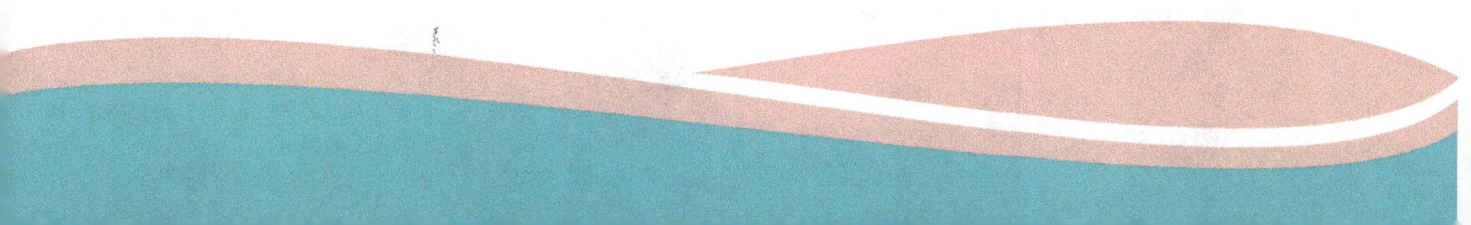

4

Estratégias Alternativas para Ter Amor Próprio

Capítulo 4: Estratégias Alternativas para Ter Amor Próprio

Na verdade, há uma grande variedade de estratégias para ter amor próprio. O importante é entender que esse não é um processo aditivo. Você precisa abandonar as crenças, valores e atitudes que você adotou para se proteger nessa vida. Estar em um estado de espírito relaxado ajudará você a fazer isso. Tudo que lhe der uma nova perspectiva e afastar você de crenças errôneas pode ser chamado de estratégia para ter amor próprio.

Livros Sobre Amor Próprio

Obviamente, o que não faltam são professores espirituais capazes de compartilhar muita sabedoria quando se trata de amor próprio. Krishnamurti, Osho, Alan Watts, Sadhguru, Tolle, o Dalai Lama, a lista continua. Todos eles oferecem perspectivas diferentes em relação a como alcançar a autorrealização. Mas apenas alguns poucos identificam o amor como a verdadeira fonte e o abordam diretamente.

Um dos professores modernos que defende isso é conhecido

como Don Miguel Ruiz, xamã e defensor da sabedoria Tolteca. Todos os seus livros foram best-sellers internacionais e incluem: Os Quatro Compromissos, O Quinto Compromisso, A Voz do Conhecimento e O Domínio do Amor. Outra poderosa porta-voz do amor próprio é Marianne Williamson. Seu primeiro livro, Um Retorno ao Amor teve grande impacto.

Existem muitos livros disponíveis em termos de leitura. É importante não criticar ou julgar nenhum livro que você leia. Caso ele não seja do seu agrado, basta deixá-lo de lado e escolher um que lhe seja mais apropriado.

Não sinta necessidade de escrever uma avaliação de 1000 palavras sobre o quão ruim foi sua experiência. A negatividade apenas retornará para você. De qualquer forma, o amor deve ser manifestado e desenvolvido, e há muito o que aprender com livros, independentemente de quão bom seja o conteúdo. A prática vence a teoria.

Os Caminhos Mais Rápidos para o Amor Próprio

Para amar a si mesmo, você deve se olhar com clareza. E fazer isso não é tão fácil quanto você imagina. A maioria das pessoas associam a ideia de si mesmas a seus trabalhos e realizações. Essas ideias não têm nada a ver com a realidade, sejam elas positivas ou negativas.

Olhar-se no espelho é uma boa maneira de realmente se enxergar. Dizem que os olhos são as janelas da alma, e você pode achar que olhar diretamente nos seus olhos é algo bem desconfortável. Tente olhar para seus próprios olhos por alguns minutos todas as manhãs. Você também pode fazer isso com um parceiro para aumentar o amor um pelo outro.

Lembre-se, a principal razão pela qual você não se ama é por não ser capaz de enxergar a si mesmo devido à uma falta de percepção. Qualquer tipo de método que limpe sua mente e suas lentes perceptivas ajudam você a ter amor próprio e compaixão pelos outros.

A compaixão não é, na verdade, um "caminho" ou um meio para alcançar amor próprio. O que acontece é que, quando você se torna mais amoroso de si mesmo, você se torna mais compassivo para com os outros. Com relação à sombra, você detesta aquilo que vê nos outros, porque aquilo está vivo dentro de você. Mas quando a sombra se integra, você se torna mais compassivo para com aqueles que sofrem com os problemas que você integrou.

Você os reconhece mais claramente porque costumava vivenciá-los e sua compaixão se torna muito maior por causa dessa integração.

Disciplina e foco podem ser formas de amor próprio. Isso significa afastar-se de comportamentos automáticos que não servem para você. Mas pode ser muito complicado encontrar o equilíbrio adequado entre ser dogmático e disciplinado. Algumas pessoas podem se tornar extremistas e serem incapazes de desfrutar das alegrias mais simples. No entanto, para a grande maioria, a dificuldade está na falta de disciplina e nas constantes indulgências.

De qualquer forma, publicidade, mídia social, alimentos processados, álcool e cigarros devem ser minimizados o máximo possível. Se você realmente ama seu corpo, fará um esforço para tratá-lo corretamente com exercícios e com uma dieta adequada.

Nada é melhor do que meditar no amor e gerá-lo a partir de uma emoção pura. Esta é uma prática profissional para pessoas que desejam realmente dominar o amor. É a maneira mais direta de realmente sentir a energia do amor e direcioná-la a um objeto ou a si mesmo.

Organização e Limpeza

Embora isso seja algo secundário, tente limpar o ambiente externo o máximo possível. Isso significa que seu quarto e sua escrivaninha devem estar o mais limpos possível. Você também deve jogar fora algumas coisas antigas ou fazer um bazar. Isso é muito terapêutico e serve para limpar a mente. Você precisa estar em um ambiente seguro, limpo e organizado.

Você também deve se livrar de qualquer relacionamento tóxico. Relacionamentos tóxicos em casa ou no local de trabalho consomem mais sua energia do que qualquer outra coisa. Quando você está com raiva, com medo ou com vergonha, você bloqueia a energia do amor. Entenda que não é possível sentir uma emoção positiva e negativa ao mesmo tempo. Então, se você está com medo, você não está amando.

No entanto, isso tem um benefício adicional. Se você for capaz de gerar emoções de amor em meio a uma crise de depressão, você será capaz de se reerguer. Você levará muito tempo para conseguir dominar isso e você precisará praticar sua afetuosidade constantemente.

De qualquer forma, é melhor se livrar de relacionamentos tóxicos e criar uma comunidade de pessoas amorosas, compassivas e gentis. Mantenha todos os aspectos do seu ambiente interno e externo o mais limpos possível e seja organizado com relação a todos os seus atos.

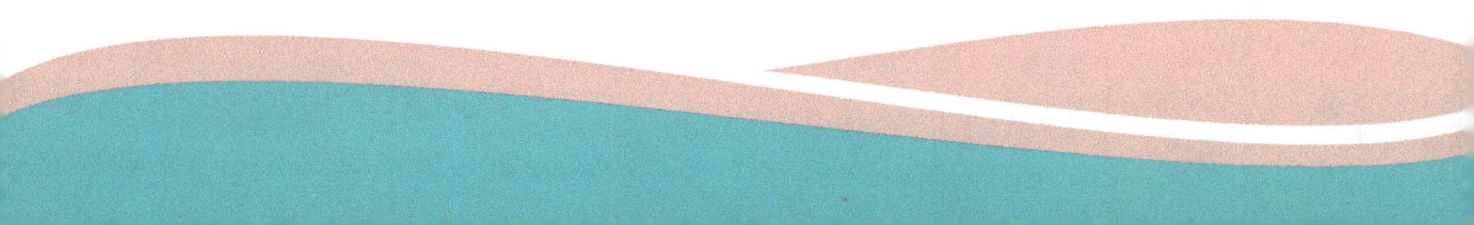

5

A Complexidade
e a Psicologia
da Autoestima

Capítulo 5: A Complexidade e a Psicologia da Autoestima

Avaliar a autoestima pode ser algo bastante problemático. O problema está no fato de que a autoestima pode variar a qualquer momento ao longo do dia. Ela também está frequentemente associada a um papel ou a uma função.

Algumas pessoas podem ter milhões de dólares e ainda assim lutarem contra ansiedade e depressão social. Outras são ótimas em relacionamentos, mas péssimas na área profissional. No entanto, é importante ressaltar que a confiança consiste na percepção da pessoa de si mesma em determinado âmbito.

A autoestima provém do nosso apego a algo. Por exemplo, um chef de cozinha se orgulha em ser um cozinheiro maravilhoso. Se você se decepcionasse com a comida dele, o chef ficaria muito mais infeliz do que uma pessoa que não cozinha profissionalmente. O mesmo se aplica a qualquer outra pessoa que se orgulhe daquilo que faz.

E é por isso que o amor próprio está em outro nível. Ele não está vinculado a nada. Porque sempre que você se apega a algo por identificar-se com aquilo, sua validação provém daquilo que os outros pensam.

Por mais positivo que seja, ainda é algo temporário. Mas, quando você exercita o amor próprio, ele é não-dualista e constante.

Desenvolvendo a Autoestima

Não existe uma rotina pré-definida para desenvolver autoestima. Embora estudos científicos tenham confirmado seus benefícios, eles não foram capazes de fornecer uma forma padronizada de melhorar a autoestima. Isso ocorre porque cada ser humano é muito complexo e multifacetado.

A ciência não entende quase nada sobre como o ser humano percebe sua realidade e se associa ao passado e ao presente. Ela também não fez nenhum progresso em termos de nossos sonhos e seus significados.

Muitos dos produtos e serviços projetados para aumentar a autoestima têm o efeito oposto ao objetivo final. As pessoas, na verdade, acabam se sentindo piores depois de usá-los.

Isso ocorre porque esses produtos e serviços tendem a ser aplicados externamente, como cosméticos, tom de voz, roupas chiques e outros métodos superficiais.

Mesmo a imersão pode ser um processo difícil para aqueles que sofrem de ansiedade social e outros problemas. Se uma pessoa fica nervosa ao falar diante de uma multidão, forçá-la a repetir essa ação pode simplesmente levá-la a um colapso ou a mais traumas.

Por outro lado, existem coisas que você pode fazer. Embora não exista uma abordagem "padronizada" que possa ajudar na autoestima, cada indivíduo responderá bem a determinados métodos de tratamento. O truque está em descobrir qual é o método ideal que ajudará o indivíduo a superar esses traumas.

É disso que trata a psicologia e o trabalho com sombra. A pessoa será capaz de ver as dificuldades mais claramente usando métodos como o trabalho com sonho, o diário, a comunicação direta, a hipnose e outras formas de terapia. Quando esses demônios forem trazidos à luz da consciência, eles desaparecerão.

Infelizmente, é muito mais difícil do que parece e essas tendências estão impregnadas em nós e simplesmente não desaparecem na maioria dos casos.

Entendendo a Autoestima

Existe um debate frequente na comunidade espiritual e psicológica a respeito do caminho "correto" a ser seguido com relação à autoestima e à saúde de modo geral. Alguns defendem o uso da positividade, outros preferem o trabalho com sombra. Alguns defendem a integração, outros dizem que "largar de mão" é a melhor abordagem. Alguns afirmam que o equilíbrio e a harmonia são o ápice da perfeição, outros acreditam que o caos criativo é o estado natural de um universo que está em constante mudança.

O fato é que todas essas abordagens funcionarão em determinados momentos para determinadas pessoas. Algumas pessoas podem precisar integrar as várias partes de si mesmas, enquanto outros pacientes podem ter que esquecer dos problemas.

Como de costume, a melhor maneira de construir confiança em um paciente que sofre de depressão ou baixa autoestima de algum tipo é permitindo que eles, em primeiro lugar, comuniquem seus sentimentos abertamente e tenham um diálogo aberto. Em vez de simplesmente pressioná-los a fazer terapia, pode-se sugerir terapias alternativas.

Dessa forma, a pessoa usa seu próprio poder e recursos para elaborar formas criativas para se ajudar. A pessoa pode optar por fazer pintura, dieta, meditação ou até mesmo voltar para a universidade.

Maneiras Práticas de Desenvolver Autoestima

Por mais complexo e multifacetado que seja o desenvolvimento da autoestima, existem várias maneiras realistas e práticas de aprimorá-la. Sair de situações em que você não se sente confiante é tão importante quanto ir a lugares onde você tenha altos níveis de autoestima. A seguir, são apresentadas sete maneiras práticas de desenvolver a autoestima.

1. Coloque sua saúde em primeiro lugar - Sempre coloque sua saúde e bem-estar em primeiro lugar. Nada é mais importante do que ter um corpo saudável e livre de estresse. Isso exigirá uma certa dose de disciplina. Faça exercícios regularmente e tente fazer dieta, pois ter saúde é atraente e eleva a autoestima. Quando você melhorar seu aspecto físico e a maneira como você se sente, as pessoas começarão a tratá-lo melhor.

2. Economize - Independentemente de suas crenças sobre dinheiro, ele é necessário. E você deve ter uma boa quantidade de dinheiro disponível para não precisar se preocupar com isso. Economize uma determinada quantia e planeje seus orçamentos para ter sempre o suficiente para pagar as contas antecipadamente. Ansiedade e estresse por dinheiro consomem suas faculdades mentais e emocionais em grande escala.

3. Adquira competências - qualquer que seja sua função, certifique-se de que você é competente naquilo que faz. Assim como acontece no caso da falta de dinheiro, se você não tiver certeza de que é capaz de realizar seu trabalho, seu bem-estar ficará prejudicado. Competência é uma das melhores coisas para aumentar a confiança. Mesmo que você seja bom em algo, tente sempre melhorar.

4. Não gaste todas as suas energias tentando fazer muitas coisas ao mesmo tempo. Simplifique e concentre-se em fazer uma coisa de cada vez. Muitas pessoas se sobrecarregam com muitas tarefas ou seguem o caminho contrário e passam muito tempo de férias. Você pode usar seu foco para ganhar dinheiro e aumentar suas

competências gradativamente ao longo do tempo.

5. Meditação - Saúde, dinheiro e competência são os alicerces de um ser humano saudável. Depois, é hora de dar um passo à frente e criar uma confiança inabalável diante de qualquer circunstância. A meditação pode ajudar você a se afastar da realidade, para que você não se afete mais com as opiniões e pensamentos alheios. Isso não vai acontecer da noite para o dia, mas com certeza funcionará em algum momento.

6. Avaliação interna - Você precisa identificar os principais medos e crenças que você tem e encontrar uma maneira de lidar com eles. Existem questionários online que podem ajudá-lo a identificar quais são suas crenças. Você pode usar afirmações para mudar essas crenças ou administrá-las através de atividades físicas.

7. Reformule - A reformulação é uma ótima maneira de melhorar seu humor. Quando acontecer algo desagradável, basta olhar pelo lado bom. Tudo pode ser reformulado e tudo sempre é subjetivo. Ninguém vê uma mesma situação da mesma forma.

6

Dominando Pensamentos e Emoções

Capítulo 6: Dominando Pensamentos e Emoções

É inegável, nos círculos esotéricos, o fato de que é a qualidade de seus pensamentos que determinará a natureza de sua realidade. E pensamentos não passam de hábitos. Se você puder realmente mudar seus pensamentos, você será capaz de controlar aquilo que vivencia. Mesmo que você esteja em um ambiente negativo, você será capaz de controlar suas reações com relação a ele.

Além disso, um ambiente negativo provavelmente só é negativo porque você tem algum tipo de convicção negativa com relação a ele, o que pode ser mudado.

Dominando Pensamentos

Os pensamentos se potencializam e tendem a se perpetuar. E é por isso que os ricos ficam mais ricos e os pobres ficam mais pobres neste planeta – isso não se deve a qualquer tipo de desigualdade estrutural, mas sim à perpetuação de pensamentos de pobreza e de pensamentos de riqueza. As pessoas preferem adotar a mentalidade de vítima do que assumir o controle de seus pensamentos e focar constantemente em riqueza e soluções. É muito mais fácil culpar um vilão do que assumir a responsabilidade. Também é uma atitude muito mais preguiçosa e que não leva a nada.

A principal razão pela qual as pessoas não dominam seus pensamentos não é a falta de informação. É a falta de dedicação e consistência. As pessoas têm o hábito de reagir instantaneamente a notícias e acontecimentos negativos sem entender o poder de suas próprias mentes. São elas que geram estresse, ansiedade e preocupação como consequência de seus próprios poderes de observação.

Dominar seus pensamentos é um esforço permanente. Mas é a única tarefa que você de fato precisará realizar, pois é o que determinará tudo.

Dominando Emoções

Pensamentos e emoções estão interligados. Como os pensamentos levam a emoções, é inteiramente possível aprender a alavancar emoções sem que haja qualquer pensamento. Isso é algo ainda mais poderoso.

Não é o pensamento que gera o poder e sim a energia emocional por trás dele. Então, você pode ir direto à fonte.

Obviamente, a emoção mais poderosa é o amor, e você deve tentar dominá-lo, se possível. O amor pode ser gerado se você voltar seus pensamentos para as pessoas que você ama. Com o tempo, você poderá evocar essa energia diretamente. Isso não acontecerá da noite para o dia, mas aumentará muito seu poder e carisma.

Alguns acontecimentos podem gerar reações muito negativas em pessoas que tiveram traumas anteriormente. E isso pode ser muito difícil de lidar. Mas os princípios permanecem os mesmos, embora a intensidade possa ser muito pior. Você precisa encontrar uma maneira de desativar a energia negativa e se concentrar na energia positiva. Isso não significa que você está ignorando o problema.

Um problema significa que há algo errado com você que precisa ser corrigido. Mas realidade é percepção, e você precisa mudar sua perspectiva mental e emocional para ver as coisas a partir da visão do eu-superior, que é quem você realmente é:

"Nós não vemos as coisas como elas são, nós as vemos como nós somos" (The Talmud)

Uma Observação Sobre Crenças

Crenças merecem ser examinadas. Elas são frequentemente mencionadas, mas raramente exploradas com detalhes. Uma crença é simplesmente um pensamento repetido várias vezes. Ela se instala no ser humano como se fosse um fato, embora esse não seja realmente o caso. Como tal, essas crenças podem ser facilmente desativadas por pessoas que voltam sua atenção para pensamentos positivos, fazendo com que as novas crenças substituem as antigas.

Novamente, não é possível sentir amor e ódio ao mesmo tempo. Eles são opostos. Mas se você tem uma convicção sobre alguém que resulta na energia do ódio, continuará a ter essa crença, a menos que essa linha de pensamento seja interrompida. Ativara crença oposta é a chave para desativar uma crença negativa. No entanto, você precisa usar a meditação como intermediário. Se você está sentindo raiva ou desespero, primeiro precisa meditar e desacelerar. Depois, então, você precisa acessar a convicção oposta.

Convicções profundas são, geralmente, o maior obstáculo a novos estados de consciência. Por exemplo, você pode ter lido vários conteúdos, mas no fundo, pode não se sentir digno de ter um parceiro, por exemplo.

Há várias crenças errôneas, como "os recursos são escassos e precisamos competir" e "é preciso trabalhar duro para enriquecer". Essas crenças são completamente imprecisas.

Todo mundo tem seu próprio conjunto de crenças que precisam ser examinadas. Não é possível evoluir tendo crenças limitantes. Mas você pode usar o poder do hábito para eliminá-las ao longo do tempo.

CAPÍTULO 7

O Poder do Hábito

Capítulo 7: O Poder do Hábito

O poder do hábito não deve ser subestimado. Ter uma compreensão madura dos hábitos e saber como usá-los é fundamental para se tornar um ser humano completo e integrado. Porque seus hábitos são o principal determinante de quem você é e de quem você se tornará:

"A repetição do mesmo pensamento ou ação se transforma em um hábito, que, quando repetido com muita frequência, se torna um reflexo automático." (Vincent Norman Peel)

O que você faz todos os dias muda quem você é. O problema é que a maioria das pessoas repetem hábitos ruins todos os dias, sem que elas nem mesmo pensem neles. Seus hábitos podem ajudar você a corrigir algumas de suas tendências subconscientes.

O Subconsciente

Considere que metade de todas as suas atividades diárias são automáticas. Que você não está consciente delas. Os hábitos são uma maneira de fazer nosso cérebro economizar energia a longo prazo e são vitais para o nosso funcionamento.

Imagine se você tivesse que calcular todas as tarefas diárias com antecedência, como fazer seu café da manhã, abrir o portão de casa, dar cada passo em direção ao seu carro, ligar a ignição, dirigir com tráfego intenso etc.

Felizmente, nosso subconsciente cuida de tudo isso. O cérebro só é capaz de lembrar de 5 a 9 fatos por vez. O resto é passado para o subconsciente, que realizará o processamento.

Quando você faz uma coisa uma vez, você é capaz de conclui-la no piloto automático da próxima vez que a fizer, com muito mais facilidade. A maioria dos seus hábitos é motivada por medos inconscientes sobre quais você não tem consciência. Corrigir hábitos pode corrigir esses medos, embora isso leve tempo.

Como Dominar os Hábitos

Tudo o que você faz não passa de um hábito. Alguns hábitos estão profundamente enraizados. Quanto mais tempo um hábito é posto em prática, mais difícil substituí-lo. Pense no exemplo de uma pessoa que fuma há 30 anos e está acostumada a fazer pausas para fumar com os amigos e fumar em casa.

No entanto, criar o hábito de ir à academia ou meditar é tão fácil quanto o de fumar ou ingerir bebidas alcoólicas. Como todos sabem, o difícil não é a academia ou a meditação. É o pensamento que temos sobre a academia e a meditação e o ato de se deslocar até o local.

O corpo leva 3 dias para se acostumar com um tipo diferente de dieta. No processo de reabilitação de drogas, os primeiros 3 dias são os mais difíceis e, depois disso, é mais fácil para o paciente se manter limpo. Isso ocorre porque o corpo é fisicamente dependente da droga e se adaptou à sua presença. Após 3 dias, ele terá se adaptado a funcionar sem a droga. No entanto, este é apenas o aspecto físico das coisas.

Estudos científicos determinaram que são necessárias 3 semanas para que um hábito se instale. Após 3 semanas, é provável que a pessoa siga com o hábito. Portanto, se você realmente deseja dominar um hábito, as marcas de 3 e 21 dias são as mais importantes. Depois disso, tudo ficará muito mais fácil.

Depois que um hábito se instala, ele se torna algo natural.

Não importa o que seja. Esse é o benefício dos hábitos: depois que você os entende, você passa a usá-los em seu benefício.

Obviamente, o hábito final a ser mantido são pensamentos positivos. Quando você tiver um pensamento negativo, tente alterá-lo para algo positivo. Com o tempo, isso também será algo natural para você, e os pensamentos negativos serão coisa do passado. Esse é o hábito final a ser adotado, portanto, é melhor começar com outras práticas, como meditação ou dieta.

Bons Hábitos que Você Deve Dominar

As afirmações são uma das melhores maneiras de aumentar a autoestima, desde que sejam feitas corretamente. No entanto, deve-se ter em mente que as afirmações precisam ser viáveis. Se a afirmação for irreal, ela não será considerada e lembrará você de algo que você não é. A afirmação também precisa estar no tempo presente e não deve ser uma negação. "Não sou pobre" reforça a pobreza, enquanto "sou rico" reforça a riqueza.

Há uma quantidade infinita de hábitos a serem adotados, portanto você precisará ser seletivo.

Os melhores hábitos para cada um irão variar de pessoa para pessoa: você pode optar por meditar, tomar uma vitamina, mentalizar seu dia ideal ou apenas arrumar sua cama antes do trabalho. Além disso, considere desligar o Wi-Fi à noite e reduzir o uso de dispositivos tecnológicos antes de dormir.

O momento que antecede o sono e o momento logo após despertar são aqueles em que você tem acesso ao estado teta enquanto ainda está consciente. Se você puder manifestar emoções positivas nesses estados, seu dia e sua noite correrão muito bem. O sonho lúcido é outra modalidade que pode ajudá-lo a conseguir o que deseja.

A manhã é a melhor hora para concluir uma tarefa ou adotar um hábito positivo. Estudos demonstraram que a força de vontade é maior pela manhã e tende a diminuir à medida que o dia passa. Então, comece o seu dia da melhor maneira possível. A pior coisa que você pode fazer é sair da cama, olhar seus e-mails, tomar banho, pegar uma fatia de torrada e ir para o trabalho.

Quando você checa seus e-mails, você está basicamente se estressando logo pela manhã. A manhã é sagrada e você reservar um momento para relaxar. Infelizmente, a maioria das pessoas está tão estressada com trabalho que não usa suas manhãs para relaxar.

Hábitos são Difíceis

Qualquer que seja o tipo de hábito que você adote, lembre-se de mantê-lo por pelo menos três semanas. E pratique-o logo pela manhã. Com o tempo, ele se tornará natural para você. Incorpore seus hábitos, um de cada vez, para que você não se sobrecarregue. É muito difícil abandonar hábitos, uma vez incorporados. Eles ficam tão enraizados no cérebro que podem sobreviver até a danos cerebrais. Por outro lado, isso pode ser benéfico caso você adote hábitos positivos. Segundo Warren Buffett:

"As correntes do hábito são leves demais para serem sentidas até que se tornem pesadas demais para serem quebradas"

Por mais difícil que seja abandonar hábitos, se você continuar praticando isso, os benefícios podem ser fenomenais. Você pode acabar entrando em uma espiral interminável de desenvolvimento pessoal. Você pode abandonar um hábito de cada vez, partindo do menor para o maior.

Mas o ideal é identificar um hábito fundamental que ocasionará uma mudança em todos os outros. Você pode usar o poder do hábito para encontrar seu verdadeiro eu e adquirir uma autoestima inabalável.

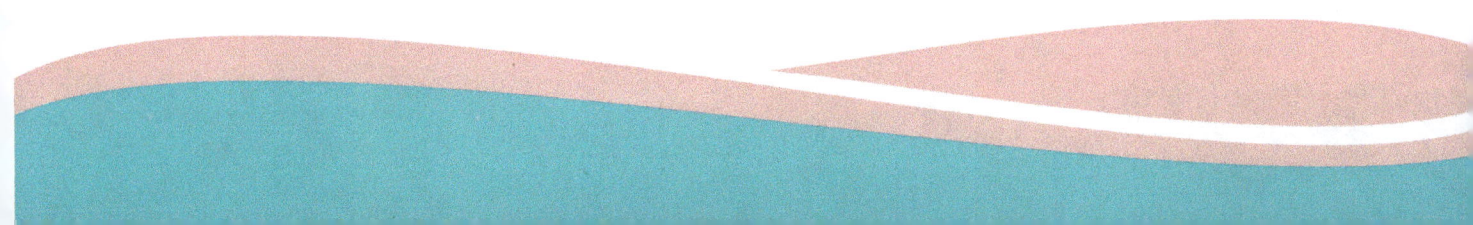

8

Maneiras Criativas de Estimular o Amor Próprio

Capítulo 8: Maneiras Criativas de Estimular o Amor Próprio

Meditação, organização, disciplina, purificação, dieta e muito mais trazem enormes benefícios. Mas esses métodos podem ser muito obsoletos e entediantes para muitas pessoas, apesar de necessários. Você não precisa se limitar a essas atividades. Na verdade, amar a si mesmo não é nada chato; é que há de mais prazeroso na vida, afinal, você estará literalmente fazendo aquilo que deixa você intensamente feliz.

Criatividade e Imaginação

A criatividade é um meio de acessar partes em você que estavam adormecidas devido a convenções sociais. Como mencionado no início, desativamos nossos centros criativos, espirituais, emocionais e físicos devido à pressão para se conformar. O desafio está em ativar essas habilidades posteriormente.

As marcas registradas do amor próprio são autenticidade e originalidade. A criatividade só pode vir de dentro de você. Mas a maior parte da nossa sociedade é formada por pessoas que imitam as outras. As pessoas se copiam o tempo todo. Pense na quantidade de e-books online sobre "como ganhar dinheiro online". O mesmo conselho é repetido e vendido várias vezes. Não é possível ganhar dinheiro online simplesmente copiando a fórmula de outra pessoa e repetindo-a.

Você precisa ser original para ser verdadeiramente bem-sucedido. É por isso que você deve ficar longe de fórmulas pré-definidas para obter sucesso. Mesmo que elas realmente funcionem para o criador original, elas podem não funcionar para você porque não foram criadas por você. Este é um ponto importante.

Atividades Criativas

Uma das maiores e mais poderosas formas de estimular o amor próprio é se aventurando. Faça algo que você nunca fez antes. Melhor ainda, faça algo que esteja bem longe da sua zona de conforto, algo como largar seu emprego e viajar pelo mundo. Isso certamente abrirá caminhos de reflexão e emoção que eram inacessíveis anteriormente e que você nunca nem soube que existiam.

Isso não pode ser mais frustrante do que seguir o mesmo rumo em uma empresa e ter pouquíssimas chances de mudança ao longo do caminho. Ter um aumento de salário e ser promovido na empresa são coisas extremamente entediantes para pessoas que vivem suas vidas intensamente. Esses argumentos normalmente não passam de abstrações que as pessoas usam para se contentar com vidas frustradas.

Existem várias maneiras de estimular a imaginação. Lembre-se de que esse é um processo contínuo e interminável, mas que se torna cada mais satisfatório com o passar do tempo. As práticas recomendadas incluem:

- Escrita criativa.
- Arte.
- Artes marciais.
- Dançar.
- Cantar.
- Cozinhar.
- Viajar.
- Qualquer outra coisa que você goste de fazer.

Claro, essa lista não tem limites. E há também espaço para ser criativo em nichos relacionados à lógica, como contabilidade e matemática. Mas isso precisa ser praticado ativamente e com frequência. Caso contrário, a imaginação permanecerá adormecida e a pessoa continuará confiando em livros e manuais escritos por outras pessoas. O caminho para estimular a criatividade está na persistência. Se você gosta de pintar, você precisa tentar fazer uma pintura todos os dias. Você terá alguns insights e momentos de inspiração de vez em quando, mas não você não pode prever quando eles vão acontecer.

Independentemente da atividade criativa que você esteja realizando, você precisa praticá-la todos os dias. A criatividade também pode ajudar a desenraizar tendências inconscientes. Por exemplo, personagens de uma história ou imagens de uma pintura podem estar sendo refletidas em sua psique interior. Embora você possa não ser capaz de manifestá-las em público, elas poderão ser expressas através de meios criativos.

A Intuição

A intuição é um aspecto extremamente subestimado pelas pessoas. Ela guarda as respostas para todas as perguntas e precisa ser confiada. As habilidades intuitivas devem ser desenvolvidas ao longo do tempo.

Elas evoluem significativamente quando a pessoa se desvincula dos processos racionais associados ao extenuante processo mental. No entanto, a mente é muito limitada e só é capaz de processar pequenas quantidades de informação.

Intuição, criatividade e imaginação estão intimamente ligadas. Os processos que você pode usar para estimular a criatividade são os mesmo que você pode usar para aumentar seu poder intuitivo. A intuição é sua melhor amiga quando se trata de tomar decisões para sua vida. Existem milhares de maneiras de aumentar o amor próprio, mas você precisará escolher qual é a melhor para você em determinado momento.

E isso é muito mais fácil do que as pessoas imaginam. Se existe algo que realmente te motiva e que você sente que vai dar certo, vá em frente.
Não pense que seus desejos e objetivos são irrelevantes. Eles são o maior sinal que você pode obter. Acima de tudo, encontre algo que você ame e coloque-o em prática de forma criativa.
Esse é o seu verdadeiro eu e isso o fortalecerá. Se você se

ama, dê a si mesmo a oportunidade de fazer aquilo que você ama todos os dias, sem se importar com o que os outros pensem de você.

O auge da realização humana é ser simplesmente você mesmo, sem interferências alheias.

CONCLUSÃO

Conclusão

Descobrir quem você realmente é e gerar amor próprio para si mesmo é a experiência mais gratificante que você pode ter. O termo espiritual é *autorrealização* e ela não pode ser compreendida por aqueles que nunca a sentiram.

No entanto, algumas pessoas estão mais próximas de alcançá-la do que outras e essas terão níveis mais altos de autoestima. Afinal, ter confiança é simplesmente estar alinhado com quem você realmente é. Pessoas inseguras são aquelas que tentam ser aquilo que não são. Elas gastam muita energia construindo uma fachada; por outro lado, alinhar-se à sua própria divindade é algo extremamente energizante. Nas palavras dos Gregos:

"Conheça-te a ti mesmo e conhecerás os Deuses e todo o Universo".

www.ingramcontent.com/pod-product-compliance
Lightning Source LLC
Chambersburg PA
CBHW080855090426
42733CB00014B/2495